O PROCESSO DE ALFABETIZAÇÃO DAS CRIANÇAS NOS ANOS INICIAIS DE ESCOLARIDADE

AURICELI DE LIMA SUZANO

Dados Internacionais de Catalogação na Publicação (CIP)
(Câmara Brasileira do Livro, SP, Brasil)

Suzano, Auriceli de Lima
O processo de alfabetização das crianças nos anos iniciais de escolaridade / Auriceli de Lima Suzano. -- 1. ed. -- Itaboraí, RJ : Ed. da Autora, 2022.

Bibliografia.
ISBN 978-65-00-50920-5

1. Alfabetização 2. Ambiente da sala de aula 3. Aprendizagem - Metodologia 4. Letramento I. Título.

22-123947 CDD-372.21

SUMÁRIO

Meus Agradecimentos

Que Deus continue a me permitir pelas graças que tenho conseguido receber!

AGRADEÇO a conclusão deste trabalho à minha mãe, que sempre está ao meu lado enquanto amiga e orientadora de vida, e aos meus familiares.

AGRADEÇO aos amigos e companheiros de trabalho da Escola Municipal Professora Carmem Corrêa de Carvalho Reis Bráz (no bairro Santa Lúcia – Imbariê/ 3° Distrito de Duque de Caxias no Rio de Janeiro), que são parceiros e amigos nos enfrentamentos que encontramos na profissão que exercemos.

AGRADEÇO aos Professores e Tutores do CEDERJ de Saquarema, que estão sempre à disposição em auxiliar e orientar durante a trajetória acadêmica que percorri.

AGRADEÇO ao Professor Rossano Pecoraro e às colegas de equipe Maria Eduarda, Rebeca e Thalita. Também sou grata a toda equipe de Professores e demais integrantes do Projeto Fortalece Rio da UNIRIO, que muito contribuíram em minha formação acadêmica.

AGRADEÇO a todos que de alguma forma me apoiaram e me incentivaram a concluir esta etapa da minha vida, me ajudando a reencontrar forças, ânimo e o desejo de enfrentar as adversidades todas as vezes que estas surgiram.

O PROCESSO DE ALFABETIZAÇÃO DAS CRIANÇAS NOS ANOS INICIAIS DE ESCOLARIDADE

AURICELI DE LIMA SUZANO

Resumo: Este artigo tem como objetivo analisar sobre como as crianças constroem seus pensamentos enquanto se alfabetizam, apresentando as discussões das obras de Emília Ferreiro e Ana Teberosky, Ana Smolka e Magda Soares. Ferreiro em suas obras nos apresenta as hipóteses de escrita que são construídas pelas crianças em fase de alfabetização. Estas hipóteses de escrita são elaboradas pelas crianças enquanto percorrem pelo caminho da aquisição da leitura/ escrita, até chegarem ao domínio de funcionamento da língua materna. A criança necessita das intervenções e mediação de sua professora durante essa etapa inicial de alfabetização de leitura e escrita de sua língua, enquanto a criança adquire conhecimentos e se torna leitora letrada na língua portuguesa brasileira. Esse artigo tem o interesse de dissertar sobre como os professores alfabetizadores dos anos de escolaridades iniciais vêm compreendendo sobre a elaboração de hipóteses de escrita das crianças, durante essa vivência escolar.

Palavras-chave: Alfabetização. Hipóteses de escrita. Mediação do Professor.

Abstract: This article aims to analyze how children build their thoughts while literacy, presenting the discussions of the works of Emilia Ferreiro and Ana Teberosky, Ana Smolka and Magda Soares. Blacksmith in his works presents us with the writing hypotheses that are constructed by children in the literacy phase. These writing hypotheses are elaborated by the children as they walk the path of reading/writing acquisition, until they reach the domain of functioning of the mother tongue. The child needs the interventions and mediation of his teacher during this initial stage of literacy of reading and writing of his language, while the child acquires knowledge and becomes a literate reader in the Brazilian Portuguese language.This article has the interest of a dissertation on how literacy teachers from the early years of schooling have understood about the elaboration of writing hypotheses of children during this school experience.

Keywords: Literacy. Writing hypotheses. Teacher mediation.

Introdução

Escrevo sobre o tema alfabetização porque o assunto me provoca entusiasmo. Pesquisar sobre a alfabetização das crianças ocorre pois considero ter relevância investigar como as crianças compreendem e entendem o processo de leitura escrita da língua. As inúmeras dificuldades encontradas pelos professores em alfabetizar é um assunto que tem significado e importância em minha vida profissional. Buscar na literatura os caminhos pelos quais a criança percorre durante o processo da construção e aquisição do domínio na leitura e na escrita enriquece o meu trabalho de alfabetizadora ao longo da vida. No trabalho e na prática de pedagoga temos a necessidade de conhecer como as crianças aprendem a ler e a escrever, inclusive, para orientar os professores que atuam como alfabetizadores das crianças. Nas escolas públicas, precisamos de professores com atributos teóricos e técnicos para mediar os alunos nesse processo de alfabetização, durante os anos iniciais de escolaridade no ensino fundamental. Ao assumir a proposta de realizar esta investigação, algumas perguntas reflexivas surgem em pensamento: "*Como as crianças na fase inicial de alfabetização compreendem a escrita?"; "Como a professora alfabetizadora entende o papel de mediadora na fase inicial da alfabetização?"*.

O enfoque principal neste trabalho é pesquisar sobre como a criança aprende a ler/ escrever, e como professores alfabetizadores tem ou não a possibilidade de interferir no processo da aquisição de escrita da criança nessa etapa inicial de alfabetização, durante os primeiros anos de escolaridade. Neste artigo acadêmico venho indagar questões que envolvem o processo de alfabetização das crianças nos primeiros anos de escolaridade. Investigar como as crianças aprendem nessa etapa, durante a fase inicial de ler e escrever. Relatar sobre o papel de mediação da professora alfabetizadora, na fase inicial da alfabetização das crianças.

A pesquisa fundamentou-se a partir de leituras e atividades de caráter descritivo em artigos, livros e periódicos, que descrevem práticas pedagógicas específicas para auxiliar o processo de ensino-aprendizagem de alunos. O artigo tem como base as obras de autores que abordam sobre o processo de leitura e escrita, em especial atenção nas discussões de Emília Ferreiro sobre as construções das hipóteses de escritas formuladas pelas crianças durante a fase de alfabetização. Outras autoras como Magda Soares e Ana Smolka, abordam sobre o processo de construção da leitura e escrita, letramento e o trabalho de intervenção dos professores alfabetizadores na escola pública. Este trabalho tem como metodologia a pesquisa bibliográfica.

1. Referencial Teórico

1.1 Como a criança entende a escrita

A alfabetização de crianças é uma atividade trabalhosa e complexa. Iniciei a tarefa de professora alfabetizadora de crianças tem alguns anos, posteriormente conheci a obra das autoras Ana Teberosky e Emília Ferreiro "*A Psicogênese da Língua Escrita*" (1985), comecei a descobrir um caminho sobre como as crianças aprendem a escrever. Na abordagem da obra, a autoria discursa sobre as crianças no processo de aprendizagem inicial de suas escritas, como pensam e expressam seus formatos de compreensão enquanto descobre o código social sistemático de escrita alfabético. A criança passa por esse momento em sua vida escolar quando está no início da alfabetização, vai formulando as hipóteses de escrita, avançando no processo por meio da mediação de seus professores nas fases e hipóteses de escrita até compreenderem o sistema de escrita formal estabelecido em sociedade.

> A invenção da escrita foi um processo histórico de construção de um sistema de representação, não um processo de codificação. Uma vez construído, poder-se-ia pensar que o sistema de representação é aprendido pelos novos usuários como um sistema de codificação. Entretanto, não é assim. No caso dos dois sistemas envolvidos no início da escolarização (o sistema de representação dos números e o sistema de representação da linguagem), as dificuldades que as crianças enfrentam são dificuldades conceituais semelhantes às da construção do sistema e por isso pode-se dizer, em ambos os casos, que a criança reinventa esses sistemas. (FERREIRO, 2011, p. 17)

Na alfabetização, a professora busca na criança a sua fase de aprendizagem, a que está vivenciando, qual hipóteses de escrita está expressando em suas anotações para identificar como será a intervenção pedagógica com a criança, dessa forma a professora auxilia seus alunos no avanço nestas fases, a alcançar a etapa seguinte, percorrendo de uma hipótese de escrita a outra. Durante essa fase de transição, para a criança existe a dificuldade em entender o sistema e para transpassar por esta momento de não domínio do código a criança reinventa a escrita conforme a compreende. Para representar as palavras a criança escreve do seu jeito, dentro dos estudos da autora Ferreiro e Teberosky, a criança cria e recria a escrita em um processo anterior ao domínio do sistema alfabético construído socialmente, o qual a criança está aprendendo.

Enquanto as crianças criam seu modo de escrita, nesse processo de reinvenção da escrita, a criança em sua forma de escrever se utiliza de eixos quantitativos e qualitativos, seguindo a fala de Ferreiro em "*Reflexões sobre Alfabetização*" (2000). Nas formas de escrita de uma criança durante a fase inicial de ler e escrever, a autora refere-se no eixo quantitativo, em que a criança em processo de alfabetização pode se utilizar na variação de quantidades de letras para diferenciar uma palavra de outra, por exemplo. E quanto ao eixo qualitativo a criança distingui sua escrita alterando as letras que conhece, variando a posição das letras que lembra e quer utilizar.

A criança ao escrever conforme compreende o código formalizado, embora ainda não tenha o domínio do sistema de escrita, oferece para a professora alfabetizadora a sua real identidade do momento e fase da hipótese de escrita que está vivenciando, assim a professora consegue acompanhar as fases dos seus alunos para ir planejando atividades conforme a criança consegue realizar, adequando as aulas posteriores e mediando para que seus alunos avancem nas fases e hipóteses de escrita durante a aprendizagem do processo de alfabetização. Pelos escritos de Emília Ferreiro (2011), a criança quando está sendo alfabetizada, ela escreve como acredita que deve ser feito, e nesta forma de pensar da criança sobre a redação das palavras é que vamos analisar e encontrar a interpretação, a leitura do mundo letrado que a criança está construindo.

> As crianças não empregam seus esforços intelectuais para inventar letras novas: recebem a forma das letras da sociedade e as adotam tal e qual. Por outro lado, as crianças dedicam um grande esforço intelectual na construção de formas de diferenciação entre as escritas e é isso que caracteriza o período seguinte." (FERREIRO, 2011)

A professora alfabetizadora estará de apropriando de tal interpretação e avaliando em qual momento de vivência da escrita que a criança se encontra. Posteriormente, a professora tem a oportunidade de oferecer aulas e atividades para as crianças que as desafie a continuarem pensando e interpretando o código de escrita social ao qual queremos que as crianças se apropriem. No processo de alfabetização, com essa proposta apresentada pela autora Emília Ferreiro, a criança é uma participante na construção de sua aprendizagem, a criança é autora. Ela, a criança atua durante o processo, pois pensa sobre a construção da escrita, representa na escrita a sua forma de entender e compreender o sistema, pois será justamente nessa circunstância que a professora faz a intervenção, auxiliando a criança em reinventar a escrita novamente. Progredindo gradualmente, a criança realiza novos raciocínios sobre a escrita, vivencia seus momentos de reconstrução da aprendizagem em escrever o código de sistema da escrita alfabética, avançando nas fases de hipóteses da escrita, até chegar na etapa de compreensão do código da nossa língua conforme este estabeleceu-se em sociedade.

Smolka (2003) apresenta em seu trabalho uma defesa em que a criança escreve com o seu conhecimento, a criança não meramente decora letras e fonemas para fazer copias, a criança pensa sobre o texto, sobre a construção da palavra, cria e aplica seus conhecimentos,

> Não meramente copia ou repete, mas ela processa, elabora esse conhecimento dinamicamente, discursivamente. E isto se dá a cada passo, a cada momento da escritura: a criança "escreve" de modos diferentes em diferentes momentos de um mesmo texto.

A construção da escrita da criança necessita ser o ponto principal do processo de alfabetização. Em métodos tradicionais de alfabetização a escrita da criança é ignorada e vista como erro, pois não se reconhece a evolução cognitiva da escrita da criança, a decodificação de sílabas é o primordial, a criança não é reconhecida com autoria em seu processo de alfabetização, a professora perde o papel de atuar como mediadora e interventora nas fases vivenciadas pela criança enquanto reinventa o sistema de escrita da língua. Na alfabetização das crianças nos primeiros anos de escolaridade, as hipóteses de escrita que Ferreiro nos apresentou são de imensa relevância que a professora alfabetizadora as conheça, estude e as identifique palas escritas de seus alunos. Identificar as etapas vividas pelas crianças é essencial no trabalho pedagógico da alfabetizadora, para que ela possa planejar e intervir a fim de favorecer os avanços na aprendizagem do sistema alfabético da escrita da língua pelas crianças.

No discurso de Ferreiro, nos esclarece que o modo tradicional não valoriza a escrita da criança tal e como ela é, como se faz, como pensa sobre a escrita, toda a construção infantil é ignorada (FERREIRO, 2011). No livro "*A Psicogênese da Língua Escrita*" (1985) das autoras Ana Teberosky e Emília Ferreiro nos apresenta as hipóteses de escrita que as crianças vivenciam no decorrer do processo de aquisição e apropriação do sistema de escrita da língua. Em "*Reflexões Sobre Alfabetização*" (2000) de Emília Ferreiro, a autora discorre sobre a alfabetização das crianças, de suas escritas elaboradas dentro das hipóteses de escrita vivenciadas pelas crianças durante a aquisição do sistema alfabético da escrita da língua. As hipóteses de escrita com embasamento nos trabalhos que Emília Ferreiro nos apresenta são: pré-silábica, silábica e alfabética.

1.2 As hipóteses de escrita

Segundo a obra de Emília Ferreiro teremos três períodos em que cabem múltiplas visões sobre a construção das crianças em relação ao sistema alfabético de escrita, sobre esses períodos a autora refere-se a três momentos: no primeiro momento a distinção de modo icônico e o não-icônico; no segundo, a construção de formas de diferenciar em eixos qualitativos e quantitativos; e no último, a fonetização da escrita, iniciada no período silábico .

> "[...] • distinção entre o modo de representação icónico e o não icônico;
> • a construção de formas de diferenciação (controle progressivo das variações sobre os eixos qualitativo e quantitativo);
> • a fonetização da escrita (que se inicia com um período silábico e culmina no período alfabético)." (FERREIRO, 2011)

Nos textos de Ferreiro são apresentados ao leitor as hipóteses de escritas elaboradas pelas crianças durante a fase de aprendizagem da aquisição e domínio do sistema alfabético da escrita. Professores que atuam nos anos iniciais de escolaridade trabalham com as crianças pesquisando por essas hipóteses de escritas das crianças e investindo nos avanços de uma hipótese a outra, com a finalidade de que as crianças se tornem alfabetizadas plenamente. Na minha vivência de sala de aula alfabetizando em escolas de rede pública, tenho percebido e observado algumas práticas e entendimentos que venho relatar aqui neste documento. As hipóteses de escrita que as escolas trabalham são: pré-silábica, silábica e alfabética. Na fase silábica, as crianças expressam em suas escritas o entendimento de que as palavras se estruturam por sílabas, representando um elemento para cada sílaba, e vamos perceber o valor sonoro com ênfase nas vogais ou nas consoantes, às vezes alternando ora um, ora outro, ou ainda, sem o valor sonoro. Na pré-silábica, a criança ainda não faz uma associação silábica em suas escritas, fazem registros representativos sobre seu modo escrito de se comunicar utilizando desenhos, letras, números. E na etapa alfabética, a criança demonstra que iniciou a compreensão do sistema conforme fora estabelecido socialmente. A crianças representam a sua forma de compreender na escrita e a professora alfabetizadora faz a leitura.

1.2.1- Pré-silábica

Figura 1
Fevereiro de 2022

Na figura 1 temos o ditado diagnose feito em fevereiro de 2022 na turma em que realizei a pesquisa. Este material foi feito por A1. Aqui eu entendo a criança em hipótese de escrita pré-silábica. A1 usou desenhos para representar palavras. Fizemos lista de brinquedos e depois o ditado. As palavras do ditado foram:

1- BOLA; 2- BONECA; 3- CORDA; 4- AMARELINHA; 5 – PATINETE.

1.2.2- Silábica

Nessa atividade temos a aluna A2(figura 2), que foi eleita representante da turma. Atividade foi feita em fevereiro de 2022. Aqui, eu entendo a aluna em transição de pré-silábico para silábico. Fizemos lista de brinquedos e depois o ditado. As palavras do ditado diagnose foram:

1- BOLA; 2- BONECA; 3- CORDA; 4- AMARELINHA; 5 – PATINETE.

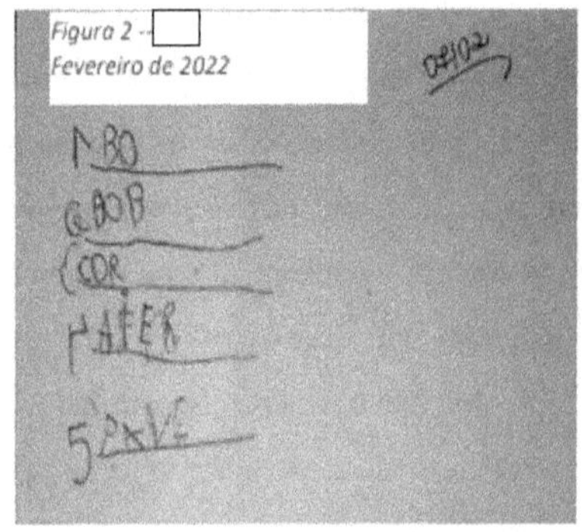

Figura 2 -
Fevereiro de 2022

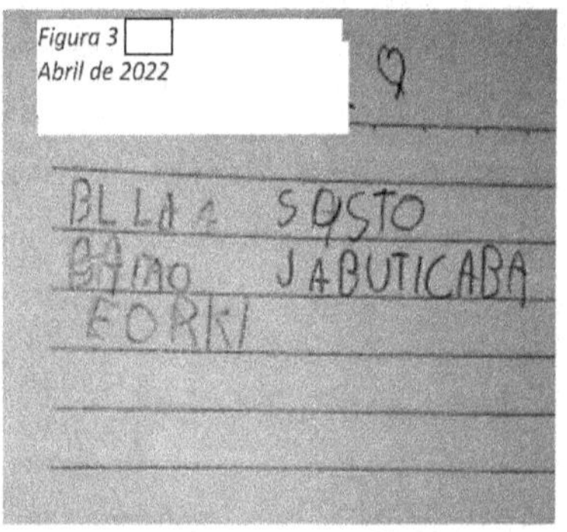

Figura 3
Abril de 2022

Nas figuras 3, 4, 5 e 6 temos as escritas das crianças A2, A3, A4 e A5, respectivamente, ambos da mesma turma em que realizei a pesquisa. Estas atividades foram feitas em abril de 2022. Cada criança apresenta sua característica própria de compreender a escrita, nessas escritas eu entendo que todas estão vivenciando a fase da hipótese silábica, porém em circunstâncias próprias. O A4 (figura 5) utiliza as vogais ao escrever BALA, busca por consoantes e vogais nas demais palavras demonstrando percepção sonora, neste caso eu entendo que o aluno está na fase silábica iniciando o valor sonoro em vogais e consoantes. Na minha compreensão sobre as hipóteses de escrita, A3 (figura 4) demonstra estar iniciando a fase silábica com valor sonoro nas vogais. A5 (figura 6) indica em sua escrita que está na etapa silábica-alfabética. E A2 (figura 3) aparece de novo com as palavras do ditado em abril, ela está utilizando um número maior de letras para escrever as palavras.

> É interessante notar os recortes que a criança faz na sua escritura e como ela usa o conhecimento que ela já possui do convencional para marcar o fluxo do pensamento. A criança não meramente "grava" fonemas e grafemas, não meramente copia ou repete, mas ela processa, elabora esse conhecimento dinamicamente, discursivamente. E isto se dá a cada passo, a cada momento da escritura: a criança "escreve" de modos diferentes em diferentes momentos de um mesmo texto. (SMOLKA, 2003)

Nesse contexto ficou evidente o esforço das crianças em escrever as palavras, como disponibilizam as letras, ora de uma forma, ora de outro jeito, reinventando o código de escrita em um processo que antecede a aquisição de domínio do sistema alfabético de escrita formalizado socialmente. As palavras que utilizei no ditado vieram de histórias contadas, e do contexto vivido em sala de aula, os livros trabalhados foram "*ERA UMA VEZ UM GATO XADREZ*" de Bia Villela e "*O TUPI QUE VOCÊ FALA*" de Claudio Fragata. As palavras do ditado diagnose em abril foram:

1-BALA; 2-GATO AZUL; 3- BRASIL; 4- JABUTICABA; 5- EU SOU FELIZ.

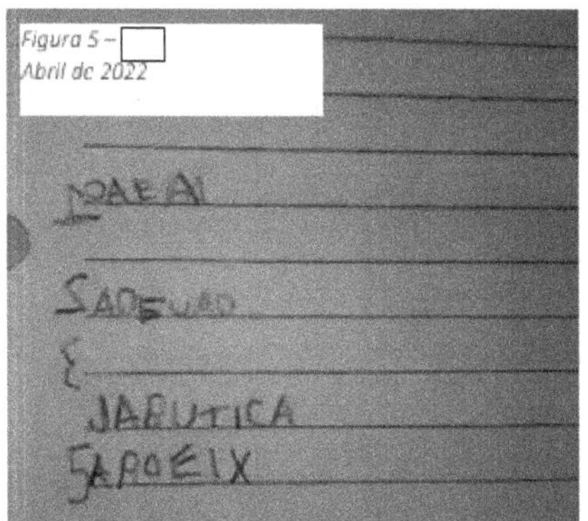
Figura 5 – Abril de 2022

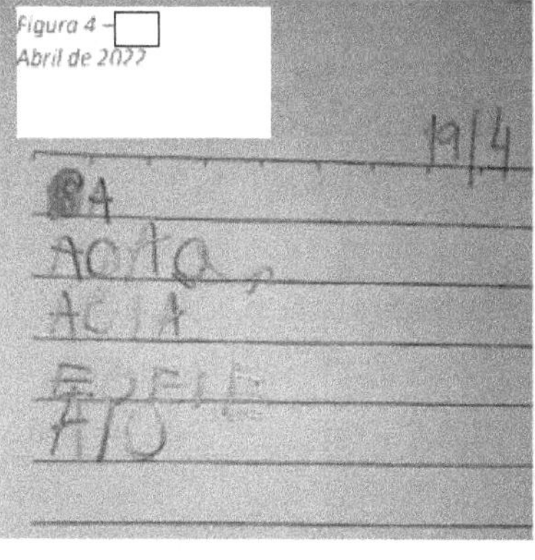
Figura 4 – Abril de 2022

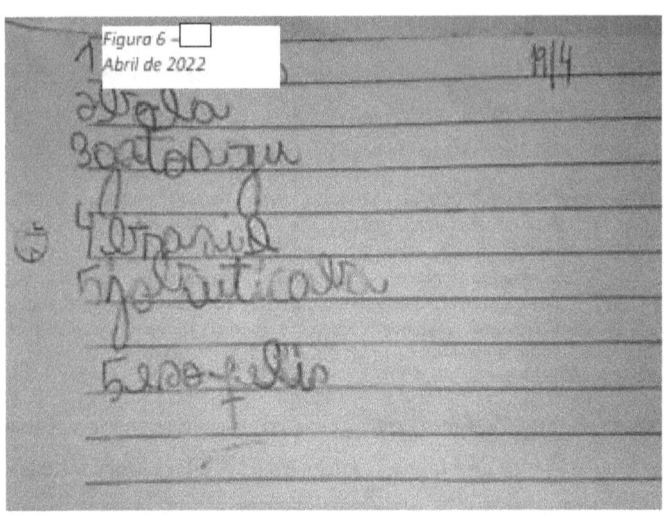

Figura 6 - Abril de 2022

1.2.3- Alfabética

Compreendo a etapa de hipótese alfabética como a fase em que a criança começa a incluir vogais e consoantes nas suas escritas fazendo vinculação de letras e sonorização apropriadas, em que a criança no início dessa fase poderá utilizar e fazer as trocas de letras por semelhanças de sons ou traçado. Essas trocas são variações que a criança será instigada a perceber pela intervenção pedagógica em sala de aula ao caminhar pelo processo de aprendizagem de leitura e escrita. Nas figuras a seguir apresento duas crianças da turma 301 que avalio neste momento estarem vivenciando a fase alfabética devido as suas escritas descritas nas atividades em maio de 2022: A6 (figura 7) e A7 (figura 8). Pela escrita apresentada, A6 demonstra estar alfabética ortográfica, sem erros de ortografia. A7 está escrevendo conforme fala. Eu tenho a percepção de que A7 se apresenta em uma fase de transição de silábica-alfabética para alfabética. As palavras estão no contexto das aulas realizadas em sala de aula. Entre as tarefas realizadas, estudamos o poema de Cecília Meireles "*A Bailarina*". As palavras do ditado diagnose em maio, foram:

1-BALA; 2- GATO; 3-BONECA; 4- BAILARINA; 5- A MENINA É PEQUENA.

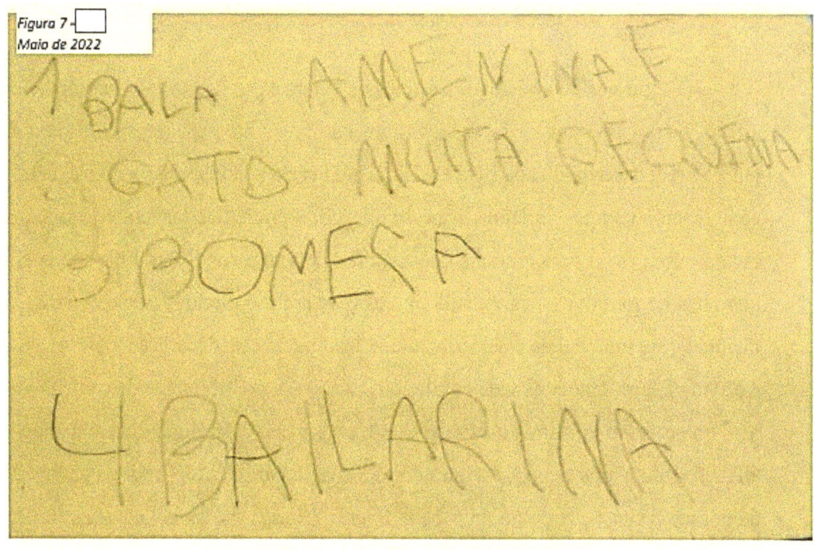

Figura 7 - Maio de 2022

Figura 8 - Maio de 2022

Neste item do trabalho demonstrei algumas das tarefas que todos os professores alfabetizadores têm feito em sala de aula, pesquisar informações, investigar seus alunos, identificar suas escritas com a finalidade de criar oportunidades em que as crianças consigam adquirir e apropriarem-se do sistema alfabético de escrita convencionalizado socialmente.

1.3 A alfabetização e o letramento

O letramento compreende a prática de leitura e escrita, nestas circunstâncias a professora alfabetizadora oportuniza de situações em que a escrita tem significado para a criança. E a leitura precisa ser praticada pela criança, que necessita de acesso a diferentes tipos de textos com gêneros textuais variados. E nesse quesito, a prática de ler tem relevância ao ocorrer na escola e fora dela. Para a criança de família que tenha condições financeiras e a consciência possíveis de permitir o letramento em casa, as práticas vividas nesse contexto há de ser um facilitador no trabalho da professora alfabetizadora na sala de aula e na escola. A questão social e econômica evidencia na vida escolar das crianças a possibilidade de contribuição positiva ou não, no processo inicial de alfabetização das crianças. O letramento acompanha o processo de alfabetização a todo tempo, e a questão social reflete desde os primeiros passos da vida escolar de nossas crianças. Na obra de Magda Soares "*Alfabetização e Letramento"(2018),* a autora reconhece as dificuldades sociais que os alunos vivem e como estas retratam em suas vidas desde a alfabetização. Nos esclarece que o letramento dedica a acessos que nem sempre são permitidos aos incluídos em baixa renda, por não ter condições, ocorrendo a esses grupos manterem-se em níveis de letramento de desigualdade por questões sociais diferenciadas entre crianças em idade de alfabetização.

> No entanto, infere-se, de tudo que foi dito, que o nível de letramento de grupos sociais relaciona-se fundamentalmente com as suas condições sociais, culturais e econômicas. É preciso que haja, pois, condições para o letramento. Uma primeira condição é que haja escolarização real e efetiva da população (...)." (SOARES, 2018)

Porém, na escola (pública), a professora alfabetizadora de escola pública não ficará aguardando por uma sociedade justa e igualitária para que todas as crianças estejam em condições socioeconômicas plenas para praticar alfabetização e letramento. A professora alfabetizadora da escola pública trabalha pelo aluno com o que tem, e assim vai oportunizando aos seus alunos atividades que envolvem a alfabetização com letramento através do acervo possível e acessível. Todas as crianças são capazes de aprender. O letramento será alcançado com o material que dispormos, de condições acessíveis através da busca, para apresentar e utilizar-se em sala de aula da escola pública, na finalidade de alfabetizar com letramento. E o letramento será praticado com o que tivermos condições de buscar e trazer para a aula em escola pública. Assim tem sido nas salas de aulas de escolas públicas em comunidades carentes.

> Termos despertado para o fenômeno do letramento estarmos incorporando essa palavra ao nosso vocabulário educacional - significa que já compreendemos que nosso problema não é apenas ensinar a ler e a escrever, mas é, também, e sobretudo, levar os indivíduos — crianças e adultos — a fazer uso da leitura e da escrita, envolver-se em práticas sociais de leitura e de escrita. (SOARES, 2003)

Nos estudos da autora SMOLKA (2003) em *"A criança na fase inicial da escrita: Alfabetização como processo discursivo"* encontramos o trabalho de alfabetização e letramento em que a escrita das crianças vem sendo incentivado e aproveitado com relevância. A funcionalidade da escrita sendo utilizada pela criança em sala de aula, na escola, valorizando a autoria da criança nesse momento em que está se alfabetizando. A professora alfabetizadora analisa a escrita da criança para fins de avaliação cognitiva atual da criança que se encontra em processo de aprendizagem do domínio e aquisição do sistema de escrita alfabético social. Na obra de SMOLKA, a criança não está sendo receptora de conteúdos escolares para estar alfabetizada no momento determinado por um adulto. A criança é um ser que pensa, que desenvolve suas ideias sobre o mundo e sobre a escrita, e a professora alfabetizadora tem a propriedade de interceder, interferir de modo a oportunizar que a criança caminhe pelo percurso da alfabetização e do letramento em sua vida escolar durante o presente momento do processo de aquisição do código social de escrita. Enquanto a criança vai escrevendo, inventando, perguntando, imitando, copiando, combinando, a aprendizagem vai se construindo, e a criança vai se apropriando do sistema alfabético de escrita social.

1.4 Relato de experiências

> *A criança aprende a ler e a escrever envolvendo-se em atividades de letramento, isto é, de leitura e produção de textos reais de práticas sociais de leitura e de escrita. (SOARES, 2021)*

Meu nome é Auriceli, sou professora desde alguns anos, hoje tenho 47 anos de idade e estou lecionando em uma turma de terceiro ano do Ensino Fundamental I da Educação Básica, a turma 301 na Escola Municipal Professora Carmen Corrêa de Carvalho Reis Bráz que está localizada no bairro Santa Lúcia, no Imbariê, terceiro distrito da cidade de Duque de Caxias, no estado do Rio de Janeiro. Eu sou professora concursada e ingressei na rede municipal de Duque de Caxias em 1998, estou trabalhando nesta escola desde 2019, porém conheci a escola em 2014. A turma 301 venho acompanhando desde o primeiro ano de escolaridade, eles foram meus alunos em 2020, o ano da pandemia da covid-19, e nesse período o atendimento foi totalmente pelo facebook. Em outubro de 2020, tivemos uma perda irreparável, um de nossos alunos de turma veio a falecer por acidente de trem em Saracuruna, aos seis anos de idade se foi um dos pequenos. Durante a pandemia, pouquíssimos alunos tinham acesso à internet para o acompanhamento com os pais por meio da rede social, dessa forma muito poucos alunos conseguiram participar das aulas. Quando passamos a distribuir apostilas impressas com atividades para todas, por fim as crianças conseguiram ter acesso ao material de estudo.

Em 2021, a escola retornou as atividades presenciais, porém os professores que ainda tinham uma situação de saúde vulnerável se mantiveram em trabalho remoto, e assim permaneci até setembro quando eu consegui tomar a terceira dose de vacina contra a covid-19, por conta da diabetes que vem me acompanhando há alguns anos. Por um infortúnio ou descaso de governantes, a nossa escola teve um acidente, o reboco do teto e paredes da escola começaram a cair e foi bem assustador, durante o incidente não tinha ninguém dentro da escola. Por este ocorrido em 2021, a escola suspende as aulas a todos os alunos e começa a atender remotamente até que as obras necessárias no prédio se concluíssem para que pudéssemos retornar ao prédio com segurança. Quando eu retornei em setembro a escola ainda estava em obras e a minha turma que na época era o segundo ano de escolaridade permaneceu com aulas no remoto. Em fevereiro de 2022, eu consigo retornar à sala de aula presencial imunizada e com a escola reformada. Todos os meus alunos em sala com aulas presenciais e sendo vacinados contra a covid-19. Estava iniciando a tarefa nada fácil de alfabetizar a turma que ficou dois anos sem atividades presenciais.

Temos muitas dificuldades, percalços e enfrentamentos que se seguem precisando ser superados. A turma 301 tem 22 alunos matriculados e frequentando assiduamente, entre essas crianças temos uma menina p.c.d., ela é cadeirante com múltiplas dificuldades físicas e cognitivas. A minha preocupação primordial é manter o foco em alfabetizar com o letramento as crianças da turma 301, tenho buscado por alternativas de textos que tenham afinidade com o universo das crianças, histórias que sejam do mundo infantil para que as crianças tenham o interesse em ler e escrever. Durante o mês de fevereiro fizemos um trabalho para socializar novamente nesse retorno ao presencial, e entre as atividades que eu tenho apresentado incluí o primeiro nome aonde eles recortam letras e colam montando o nome deles, o nome do colega, para construir a palavra, apresentando as letras do alfabeto no seu próprio nome e no nome dos colegas. A atividade tem o interesse de encontrar letra por letra de cada palavra que está sendo escrita e transcrita por meio de recorte colagem. Em março e abril de 2022 tenho feito com eles auto ditados onde apresento figuras e imagens cujos nomes sejam palavras do interesse de busca delas, das crianças. As tarefas com recorte e cole continuaram, nessas propostas eles precisam encontrar as letras que procuram e associar na posição que se espera, um desafio a eles.

Nas atividades de escrita deles procuro seleciona… periodicamente o ditado diagnose onde utilizo algumas palavra… sala, busco por escritas que tenham contextualização com as situaçõe… vivenciando em sala de aula. Sempre trabalho histórias, leio para a turm… infantis, transcrevemos em cadernos trechos de poemas, de passagens q… pertencem ao mundo infantil. Estou percebendo que as crianças estão construin… hipóteses, suas formas de entender e redigir a palavra que eles estão sendo provoca… escrever. Chegamos em maio de 2022, hoje existe na turma de 22 crianças, 10 que são silábicas alfabéticas e alfabéticas, 9 que são silábicas com valor sonoro, desses a maioria tem valor sonoro nas vogais, 2 silábicas sem valor sonoro e 1 pré-silábica. Nesse grupo de alunos temos crianças leitoras que estão lendo qualquer texto com fluência, há alunos que a família colocou em explicadora e a criança chega na sala de aula silabando as palavras sem identificar e interpretar o que silaba. Para esses casos tenho me empenhado bastante em trabalhar o letramento, constantemente. Uma das atividades que faço é ler a palavra junto com a criança, porque ler é interpretar, ler é entender o nome de quem e do que está escrito. Sempre leio com eles, até identificar qual palavra estamos a ler, e o que é de fato o ler, porque a palavra é algo que existe, palavra é o nome de alguém ou de alguma coisa, palavra não é "cantar" uma repetição de 'pedacinhos' (letras e sílabas). Essas tarefas realizadas em sala de aula têm experenciado por resultados positivos com as crianças.

2. Metodologia

A metodologia utilizada é pesquisa bibliográfica cujo levantamento teórico ocorreu com base em livros, artigos científicos e materiais disponíveis na *internet*. Esse tipo de pesquisa fornece o suporte necessário a qualquer tipo de estudo.

A pesquisa bibliográfica, segundo Fonseca (2002, p. 32):

> É feita a partir do levantamento de referências teóricas já analisadas, e publicadas por meios escritos e eletrônicos, como livros, artigos científicos, páginas de web sites. Qualquer trabalho científico inicia-se com uma pesquisa bibliográfica, que permite ao pesquisador conhecer o que já se estudou sobre o assunto. Existem, porém pesquisas científicas que se baseiam unicamente na pesquisa bibliográfica, procurando referências teóricas publicadas com o objetivo de recolher informações ou conhecimentos prévios sobre o problema a respeito do qual se procura a resposta.

Assim, a metodologia utilizada tem o objetivo de coletar informações relevantes e que colaborem com as reflexões e discussões sobre "o processo de alfabetização das crianças nos anos iniciais de escolaridade". Juntamente à pesquisa bibliográfica foi feito um breve relato de experiências para complementar os estudos realizados.

3. Resultados e Discussão

A pesquisa realizada que apresento neste documento tem o interesse de demonstrar a alfabetização inicial das crianças nos primeiros anos de escolaridade, como a criança compreende a escrita, como cria, inventa e reinventa a estrutura do código alfabético enquanto aprende, demonstrando suas hipóteses de escrita dentro dos estudos das autoras Emília Ferreiro, Ana Smolka e Magda Soares. Nesse processo, a professora alfabetizadora da escola pública atua com a percepção, observa, registra, analisa, avalia, utiliza-se de conhecimentos prévios analisando e avaliando o material escrito que são produzidos pelas crianças, insere com a intervenção oportunizando caminhos possíveis para que as crianças se alfabetizem e que tenham acesso ao letramento. No texto defendo que a criança é autora de sua aprendizagem, pois recorre constantemente com seus saberes, que está procedendo de conhecimentos que constroem na investigação de pensar e criar a escrita das palavras que são provocadas a redigir. Os saberes das crianças estão sendo analisados a cada olhar da professora. E nesse contexto a professora atua com valioso papel de avaliação e planejamento, verificando e buscando por oportunidades de crescimento e descobertas durante essa caminhada no decorrer do processo de aprendizagem em adquirir a apreensão do domínio do código alfabético de escrita historicamente convencionalizado em sociedade.

As autoras que busquei fundamentação para a pesquisa, Ferreiro, Soares e Smolka, nos afirmam o quanto a questão social e econômica das famílias das crianças são fatores de inferência e condicionamentos na vida escolar dos alunos. E incluo a escola pública também nesse problema que envolve o socioeconômico. Como trabalhar e estudar em uma escola que por anos ainda tem problemas com a água encanada? Quando falta água as circunstâncias ficam inapropriadas. Ou não tem aula ou a aula é metade do tempo sem a água. Imagina aprender e ensinar sem água na escola. Não ter água para beber, nem lavar as mãos, nem para uso sanitário. A escola finalmente foi reformada porém as obras ainda não terminaram. A quadra escolar que é o espaço querido por todos os estudantes da escola ainda não tem prazo para que as obras sejam concluídas. Um agravante social tem sido a violência urbana, episódios de tiros nas redondezas da escola deixam todos em riscos de vida, acometem a levar as pessoas que moram e as que trabalham no lugar a adoecerem por depressão, pânico e outras doenças, e nos ocorridos de tiroteios promovem o esvaziamento das salas de aulas na escola até que os conflitos se resolvam. Esta descrição é um breve relato das consequências de uma sociedade pertencente a um contexto socioeconômico tão desigual e contraditório.

Por meio desta investigação em educação quero afirmar que professores alfabetizadores de escola pública pode alfabetizar sim e que as crianças podem sim aprender, que crianças são capazes de serem alfabetizadas e aprenderem com letramento desde que tenham acessibilidade a materiais de leitura amplo e enriquecedor seja na sala de aula em escola, seja em casa junto a suas famílias. As crianças são interessadas pelas novidades e na alfabetização podemos instigá-las pela curiosidade apesar de todas as adversidades que vivemos na sociedade atual.

Considerações Finais

A realização desta pesquisa nos possibilitou relatar e compreender melhor o processo de alfabetização da criança nos primeiros anos de escolaridade na escola pública. Ofertou a possibilidade de refletir sobre o papel de mediação da professora alfabetizadora. E confirmar que professores podem sim oportunizar pela alfabetização com letramento pelas crianças da escola pública. As construções das hipóteses de escritas foram abordadas com a demonstração de produções de escrita de crianças em fase de alfabetização. A abordagem foi contextualizada com fundamentação nos estudos de Emília Ferreiro, Ana Smolka e Magda Soares. A necessidade de exercer o letramento junto com a alfabetização foi explicitado durante todas as reflexões deste documento. As questões sociais vivenciadas em comunidades carentes foram ressaltadas, e nos levam a refletir sobre as desigualdades sociais da vida humana e suas consequências nos primórdios da escolarização da população desde a infância.

Concluindo, a tarefa de alfabetizar em escola pública não é facilitada, os percalços e enfrentamentos são extremos, e dificultam a caminhada do ensino-aprendizagem das crianças, da escola e da professora em sua função pedagógica. O trabalho pedagógico de analisar, avaliar e planejar será de importância na alfabetização, a professora alfabetizadora estará em formação constante, se atualizando sobre as formas de estudar como a criança compreende a escrita do sistema alfabético convencionalizado social e historicamente. Com esses estudos, a professora buscará por possibilidades de oferecer caminhos de sucessos aos seus alunos alfabetizandos.

Finalizando, toda criança é capaz de ser alfabetizada, toda professora tem condições de alfabetizar na escola pública. E a sociedade como um todo tem a propriedade de facilitar caminhos possíveis e acessíveis a favor da educação pública garantido a alfabetização com letramento a toda criança brasileira.

Referências

FERREIRO, Emília; TEBEROSKY, Ana. ***A Psicogênese da Língua Escrita***. Porto Alegre: Artes Médicas 1985.

FERREIRO, Emília. ***Reflexões Sobre Alfabetização***. São Paulo: Cortez, V 6. 2000.

FERREIRO, Emília. ***Alfabetização em Processo***. São Paulo: Cortez, 1996.

FONSECA, João José Saraiva. **Metodologia da pesquisa científica**. Fortaleza: UEC, 2002.

SMOLKA, Ana Luiza Bustamante. ***A criança na fase inicial da escrita: Alfabetização como processo discursivo.*** São Paulo: Cortez, 2003.

SOARES, Magda Becker. ***Alfabetização e Letramento***. São Paulo: Contexto, 2018.

___________. ***Letramento: um tema em três gêneros***. Belo Horizonte: Autêntica, 2003.

www.ingramcontent.com/pod-product-compliance
Lightning Source LLC
LaVergne TN
LVHW010359160826
845677LV00005BA/1317
* 9 7 8 6 5 0 0 5 0 9 2 0 5 *